AF233363

LIGUE DE L'INTÉRÊT PUBLIC

SOCIÉTÉ PROTECTRICE

DES CITOYENS

CONTRE LES ABUS

Fondée en 1881 par les Citoyens

Victor Hugo, Louis Blanc, Clémenceau, Cantagrel, Gatineau, Vacquerie, Paul Meurice, Henri Rochefort, Major Labordère, Barodet, Massé, Talandier, Henry Maret, de Hérédia, Tony Revillon, Ernest Lefèvre, de Lanessan, de Menorval, Camille Pelletan, Leon Cladel, Edouard Lockroy, Laisant, Yves Guyot, Beauquier, Clovis Hugues, Alphonse Humbert, Emile Brousse, Eugène Farcy, Dr Theulier, Jules Roche, Roselli-Mollet, Germain Casse, Roque de Filhol, Dr Cattiaux, Douville-Maillefeu, Lafont, Georges Martin, Duportal, Hovelacque, E. Rousselle, Boué, Amouroux, Dr Goupil.

BUREAU POUR 1885

Président : LAISANT, député

Vice-Présidents : ELIE MAY et GUSTAVE BICHON

Secrétaire-général : DE LA VILLE LE ROULX

Secrétaires : A. HUBNER, A. BONNET, VIARDOT

Trésorier-général : CH. SCHWOB

Trésorier-général-adjoint : GANDIN

AVIS AUX ADHÉRENTS

Les cotisations (SIX FRANCS PAR AN) *doivent être adressées en Mandats ou timbres-poste, ou remises directement, tous les jours jusqu'à 10 heures du soir au trésorier-général M. SCHWOB, 19, Boulevard Saint-Martin.*

SIEGE SOCIAL

27, Boulevard Saint-Martin,

RÉCEPTION DU PUBLIC

Tous les Mardis, Jeudis et Samedis,

de 8 à 10 heures du soir.

A TOUS

La Ligue de l'Intérêt public a été fondée dans un double but indiqué par l'art. 2 de ses statuts et qui peut se résumer ainsi :

Défense des intérêts des citoyens victimes d'accidents ou d'abus et qui sont impuissants à se faire rendre justice.

Défense des intérêts généraux lésés par la routine administrative, les défauts de la législation ou les vices de l'organisation sociale actuelle.

Contre les abus de la première catégorie, la Ligue recourt à la justice, après avoir tenté la conciliation.

Contre ceux de la deuxième espèce, elle agit par des moyens dont l'énumération serait trop longue, et qui ont déjà donné d'excellents résultats.

Ces moyens cependant, ne sont pas les seuls qu'elle pourrait employer, si ses adhérents étaient plus nombreux.

Quelle serait la puissance de la Ligue, si tous ceux qui souffrent d'un abus venaient à elle !

Que ne pourrait-elle pas faire, si toutes les victimes des injustices sociales se groupaient autour d'elle !

Elle ne se composerait plus alors de 4 ou 5.000 citoyens, elle compterait dans son sein plus des neuf dixièmes de la population de la France !

Alors le mauvais vouloir administratif serait brisé !

Alors les pouvoirs législatifs seraient forcés de se soumettre à la volonté de tous !

Alors, enfin, on pourrait ordonner une transformation sociale, et l'exiger au besoin !

Venez donc tous, vous qui avez à supporter à chaque instant les injustices des puissants, ou les retards judiciaires.

Venez tous, vous qui souffrez du mal social !

Venez tous, vous qui êtes faibles, réunissez-vous autour du noyau déjà formé, et vous serez forts !

Six francs de cotisation par an, que l'on peut payer à raison de 25 centimes par quinzaine, voilà ce que vous coûtera votre adhésion. Est-ce donc trop ?

Vous ferez mieux, vous entraînerez vos amis avec vous, vous formerez de nouveaux groupes et surtout vous signalerez au Conseil Central les abus, en y ajoutant autant que possible votre avis sur le remède à y apporter.

Un peu de volonté. Songez que chaque adhésion est une nouvelle force pour la Ligue, et fait faire à l'humanité un pas de plus dans la voie du progrès et de l'affranchissement universel.

Pour faire partie de la *Ligue*, il suffit tout simplement d'adresser son adhésion au secrétariat.

PROCÈS-VERBAL

DE L'ASSEMBLÉE GÉNÉRALE ANNUELLE

du 30 *janvier* 1885

TENUE SALLE DES FÊTES, MAIRIE DU IVᵉ ARRONDISSEMENT.

La séance est ouverte à 9 heures du soir, sous la présidence du citoyen Georges Laguerre, député, président de la *Ligue*, assisté des citoyens Laisant, Beauquier, députés, Elie May vice-président, et de tous les membres composant le conseil central.

Le citoyen Georges Laguerre donne lecture des lettres d'excuse des citoyens Victor Hugo, Gatineau, de Hérédia, Clémenceau, Lockroy, Barodet et Tony Révillon.

Il propose ensuite un vote de remerciement à la municipalité du *Quatrième Arrondissement* pour le fraternel accueil qu'elle n'a cessé de faire à la *Ligue*, depuis sa création. Cette proposition est acclamée à l'unanimité. Le président prie le citoyen N. Oulmann, le sympathique adjoint, de transmettre ce vote à ses collègues de la municipalité.

La parole est donnée au citoyen de la Ville Le Roulx, secrétaire de la *Ligue*, pour la lecture du rapport annuel, publié plus loin. Les conclusions de ce rapport sont vivement approuvées par l'Assemblée.

Le citoyen Masgana, trésorier, expose la situation financière de la Société. Les comptes, pour l'exercice 1884 sont adoptés à l'unanimité.

Le citoyen de la Ville le Roulx donne connaissance à l'assemblée du résultat considérable obtenu par la *Ligue* dans quelques-unes des affaires qui lui ont été confiées.

Il rappelle l'affaire du citoyen Vauthier, ouvrier asphalteur: ce dernier avait été mandé d'Angleterre par une Compagnie de pavage, qui avait été à même, dans maintes occasions, d'apprécier son talent professionnel. Confiant dans la bonne foi de cette Compagnie, le citoyen Vauthier n'avait pas cru devoir exiger d'elle un engagement écrit. Il se mit à l'ouvrage. Il travaillait à peine depuis quinze jours, lorsqu'au mépris des conventions verbales intervenues, et sans qu'on ait eu quoi que ce soit à lui reprocher, il fut brusquement remercié. Mise en demeure par lui, non seulement de lui payer ses appointements échus, mais encore de lui tenir compte des frais occasionnés par des voyages inutiles, la Compagnie s'y refusa énergiquement. Le citoyen Vauthier s'adressa alors à la *Ligue*. L'affaire fut remise au citoyen Dreyfus, membre du Conseil central, et portée devant le tribunal de commerce, lequel fit droit à la légitime réclamation de l'ouvrier asphalteur, et condamna la compagnie aux dépens.

Le citoyen de la Ville le Roulx rend compte de l'affaire du cimetière de Gelles (Puy-de-Dôme), affaire purement administrative, qui a reçu, grâce au concours de *la Ligue*, une solution prompte et désirée par tous les habitants de la commune. Il s'agissait de la translation du cimetière, d'une contenance dérisoire, et qu'un certain parti persistait à maintenir au milieu du bourg. Il ajoute qu'il pourrait multiplier les exemples ; mais que ce serait prendre inutilement les instants de l'assemblée, celle-ci. sachant à merveille que le Comité central et les groupes locaux joûtent d'énergie et d'activité pour mener à bien les affaires toujours graves, qui leur sont confiées.

Le citoyen L'Hommeau demande à *la Ligue* de prendre note des cas où la loi est impuissante à défendre de légitimes intérêts, de les étudier, et ensuite d'en formuler des projets que les législateurs, membres du Conseil central, auront pour devoir de soumettre aux Chambres.

Le citoyen Laisant appuie la proposition. Il déclare que c'est sinon le seul, du moins le moyen le plus efficace d'arriver promptement aux réformes sociales qui sont depuis si longtemps réclamées par l'opinion publique.

Cette excellente proposition est adoptée.

Un adhérent s'étonne que *la Ligue* ne veuille pas prendre en main la conduite des affaires de divorce.

Le citoyen Bichon, membre du Conseil central, lui répond : *La Ligue*, ainsi que son titre le dit assez, ne vise que l'intérêt général, que l'*intérêt public*. Les intérêts purement privés ne la regardent pas, lorsque les affaires suivent leur cours légal. Et cela, pour plusieurs raisons qui seront, certes, fort goûtées par l'Assemblée D'abord, parce que ce serait faire dévier la Société du but qu'elle se propose ; ensuite, parce que *la Ligue*, — si elle s'occupait des intérêts purement privés, — ne serait qu'une sorte de bureau annexe de l'assistance judiciaire, avec ce désavantage que ce seraient les membres de *la Ligue* qui paieraient les frais.

Le divorce et la séparation de corps rentrent dans le cadre de l'intérêt privé. *La Ligue* n'a donc pas à s'en occuper. L'Assistance judiciaire est là, pour permettre aux époux mal assortis de briser une chaîne qui les fait souffrir.

Cependant, les jurisconsultes adhérents se feront un plaisir de donner à leurs collègues et gratuitement, tous les renseignements dont ils pourront avoir besoin sur cette matière.

La Ligue n'aurait à intervenir qu'au cas où un citoyen, ayant demandé le bénéfice de l'Assistance judiciaire, n'aurait pas pu l'obtenir, bien qu'il y eût droit. Alors ce n'est plus l'intérêt privé qui est en jeu, mais bien l'intérêt général.

C'est un abus qui a été commis ; il faut le dévoiler en demander, et en obtenir la répression.

Un citoyen se plaint des retards que subissent certaines affaires.

Le citoyen Marin, membre du Conseil central, lui répond que la cause n'est point imputable aux adhérents qui ont bien voulu se charger de faire les enquêtes préalables, mais bien aux citoyens qui, ayant demandé le concours de la *Ligue*, n'ont pas encore envoyé les pièces nécessaires.

A ce sujet, il fait observer que bon nombre de citoyens, non adhérents, au lieu de porter directement leurs plaintes au siège central de la société, ont le tort de s'adresser individuellement à quelques-uns des membres du Conseil central.

De là, une perte de temps considérable, pour peu que surtout l'un de ceux-ci soit forcé de manquer à une ou deux des réunions. Les plaintes et pièces à l'appui doivent être adressées ou portées directement au secrétaire au siège de la société, 27, boulevard Saint-Martin.

Le citoyen Duchon cite plusieurs exemples à l'appui de la thèse développée précédemment par le citoyen Marin. Il est, dit-il, une foule d'abus qui n'arrivent à notre connaissance que lorsqu'il n'est plus temps d'y porter un remède efficace. Il ne reste plus alors qu'à prier les journalistes qui font partie du Conseil central, de dévoiler l'abus par la voie de la presse. Maigre satisfaction pour celui qui en a été victime! Certes, le moyen est excellent, et il faut l'employer; mais il ne peut avoir d'efficacité que pour l'avenir! Car il éveille l'attention de l'autorité, qui, sachant qu'on a l'œil sur elle, a alors tout intérêt à ce que de semblables abus ne se renouvellent plus.

A ce moment, le citoyen Georges Laguerre, président, demande à l'assemblée l'autorisation de se retirer; obligé qu'il est de partir le soir même pour un département du midi, où il doit défendre un organe dévoué de la démocratie.

Avant de céder le fauteuil au citoyen Elie May, vice-président, il remercie les adhérents d'avoir répondu, en si grand nombre, à l'appel du Conseil central. Il faut que, désormais, tous les citoyens s'occupent sérieusement de leurs affaires, et l'exemple donné par les membres de *la Société protectrice des citoyens contre les abus*, est à citer et à publier partout. Puis, se tournant du côté de ses collègues du Conseil central, il les remercie chaleureusement de l'honneur qu'ils lui ont fait en lui conférant, en janvier 1884, la présidence, qui, dans quelques jours, sera, par application du principe démocratique, occupée par un autre citoyen. (Applaudissements).

Le citoyen Elie May prend la présidence et propose à l'assemblée de voter des remerciements au citoyen Laguerre, pour le concours dévoué qu'il a apporté à notre œuvre. — Approuvé à l'unanimité.

Le citoyen Laisant invite, dans un excellent discours, les adhérents de *la Ligue*, à faire une grande et active propagande pour les idées de solidarité et de fraternité, qui sont la raison d'être de la Société *protectrice des citoyens contre les abus*. « Nous sommes cinq mille, dit-il, c'est un chiffre évidemment respectable, mais ce n'est pas suffisant! Il faut qu'avant peu nous soyons cent mille, deux cent mille, trois cent mille! Il faut nous imposer par le nombre! Et c'est d'ailleurs le meilleur moyen d'arriver à « *dénicher* » tous les abus, si petits qu'ils soient; et les plus petits ne sont pas les moins désagréables !

Mettons-nous donc tous à l'œuvre, et amenons des adhérents nouveaux !

Sur la proposition du citoyen Hubner, une collecte est faite au bénéfice de la Caisse des Écoles du IVᵉ arrondissement. Puis, le citoyen Elie May clôture la séance par une allocution chaleureuse, dans laquelle il engage les adhérents à faire une propagande républicaine active, seul moyen d'arriver à implanter en France le règne de la liberté, de la justice et de la solidarité ! !

La séance est levée à onze heures.

Rapport présenté au nom du Conseil central par le citoyen De La Ville Le Roulx, secrétaire-général.

Citoyennes, citoyens,

J'ai l'honneur de venir vous rendre compte de nos travaux pendant l'exercice qui vient de s'écouler.

La plupart d'entre vous connaissent l'historique de l'origine et de la fondation de la LIGUE DE L'INTÉRÊT PUBLIC, SOCIÉTÉ PROTECTRICE DES CITOYENS CONTRE LES ABUS, je crois néanmoins qu'il n'est pas inutile d'en dire quelques mots.

Il y a quatre ans environ, notre ami, le docteur Goupil, fut témoin de l'écrasement formidable que perpétrait, par insuffisance de voie sur sa ligne principale à Charenton, la compagnie Paris-Lyon-Méditerranée.

En présence de cette épouvantable catastrophe, il résolut, puisqu'il existait depuis déjà des années une société protectrice des animaux, de créer — LA SOCIÉTÉ PROTECTRICE DES HOMMES.

Il fit part de son idée, elle fut accueillie avec la plus grande faveur par les plus autorisés de la démocratie française. Victor Hugo voulut bien, et cela en trois lignes, résumer le but de la *Ligue* à laquelle il adhéra, ainsi qu'il a dit, de tout cœur.

Ces trois lignes sont burinées sur les côtés du sceau triangulaire de notre société :

Soulager les pauvres !

Appuyer les faibles !

Tel est le double devoir !

Mais que de devoirs à remplir en comparaison de la modicité de nos ressources pour mettre en pratique cette sublime devise.

Pardon, je me trompe, nos ressources sont infinies, lorsque je parcours la liste de nos membres fondateurs, cette liste contient en effet: le Génie du siècle, celui qui lui a donné son nom et après lui la plus grande partie des illustrations de la démocratie; mais si j'envisage les chiffres, nos résultats sont très limités, très insuffisants même, comparés à ceux obtenus par la Société protectrice des animaux.

Il me semble qu'il serait pourtant plus rationnel de penser d'abord aux êtres humains et d'éviter ensuite aux autres animaux des tortures physiques ou de mauvais traitements.

Je me suis souvent demandé quelle pouvait bien être la cause de cette infériorité relative dans laquelle nous nous trouvons.

L'antagonisme des passions ennemies, soulevé par ce qu'on appelle la politique, et que je définis le besoin de dominer la partie la moins éclairée, la plus faible de l'espèce humaine afin de l'exploiter à merci, fait oublier, je le sais, à bon nombre, les devoirs qu'ils ont envers leurs frères par la seule raison qu'ils ne pensent pas comme eux ; mais il me semble que tous les hommes de cœur devraient se trouver réunis lorsqu'il s'agit de faire le bien et jamais terrain plus propice que *la Ligue* ne s'est offert à ceux qui désirent être utiles à leurs semblables.

Malheureusement, les mieux armés pour le combat de la vie ne pensent pas assez à ceux qui le sont moins qu'eux, ou qui sont complètement désarmés, et se livrent tout entiers à la satisfaction de leur ambition personnelle.

Exemple:

La grande Révolution de 1789 ne put entrer sur le terrain économique — Babeuf succomba à la tâche.

Le peuple, las de souffrir, avait renversé la Bastille et les rois, et dans un élan de générosité naïve, de candeur infinie, avait tendu la main aux maîtres des corporations, des maîtrises, des jurandes et des municipalités, à la bourgeoisie enfin, et avait accepté sa direction.

Ceux-ci comprirent que leur intérêt immédiat les appelait ailleurs et dès lors, sans tourner effectivement le dos au peuple, ils l'abusèrent par des promesses, puis le reconduisirent au despotisme, à la monarchie, se réservant de contracter des alliances avec ceux dont ils avaient ruiné la puissance; ils étaient la ploutocratie et les autres représentaient les pouvoirs théocratique et aristocratique.

C'est le joug de ces puissances réunies que nous subissons maintenant, et il est des plus lourds pour le peuple, car si les faibles, les pauvres ne reçoivent plus de coups de fouet, ils meurent littéralement de faim au double point de vue de l'intelligence et du corps. Et il en sera ainsi : au point de vue intellectuel tant que chaque homme ne trouvera pas les facilités nécessaires pour donner à son cerveau tout le développement qu'il comporte. Et au point de vue du corps, tant que notre époque n'aura pas trouvé pour la vie une autre formule que celle actuellement en vigueur, — dévorer pour éviter de l'être.

C'est pour remédier à un semblable état de choses; c'est pour arrêter des destructions humaines au profit des financiers ou des chefs d'industrie; c'est pour que les magistrats cessent d'être des employés choisis par le gouvernement et deviennent, étant désormais élus par leurs justiciables, des juges équitables et impartiaux, des hommes libres enfin; c'est pour cela que notre Ligue a été fondée.

Lorsque je viens de dire que les juges deviennent des hommes libres, n'ai-je donc pas raison puisqu'ils siègent sout l'égide d'un maître appelé Dieu sur l'image duquel les serments doivent être prêtés quelles que soient les croyances.

Ce maître nous le laissons à ceux qui planent dans les régions éthérées, nous qui n'avons pour dieu que l'humanité, et nous insistons de toutes nos forces pour que cette image disparaisse du prétoire comme de l'école.

Nos fondateurs et nous tous adhérents, avons compris que si les lois existantes ne nous permettent pas d'obtenir ce que nous voudrions, il est certain que nous pouvons, par un effort cellectif et raisonné, peser suffisamment dans la balance pour les faire modifier.

Jusqu'à ce jour, nous n'avons obtenu pour toute satisfaction que le changement d'étiquette sur le bocal gouvernemental, on a dit : République remplace monarchie, très bien, mais quelles sont les lois faites depuis, qui viennent en corollaire à cet énoncé ? Aucune !

Et j'insiste : Ouvrez les codes les uns après les autres, vous trouverez à chaque article une disposition pénale contre tout attentat à la propriété, et jamais un seul mot pour assurer l'existence aux déshérités. Réclament-ils la justice pour tel ou tel cas !

Il y a, dira-t-on, pour eux l'assistance judiciaire, mais quand on a vu ce que cela vaut, on renonce immédiatement à y avoir recours.

On a créé, en faveur des ouvriers, la jurisprudence des prud'hommes, mais à chaque instant des malheureux viennent nous trouver et nous demandent de leur avancer les 15 ou 20 fr. nécessaires pour que l'huissier notifie le jugement et le fasse exécuter lorsque l'employeur refuse de s'y conformer, ce qui est très fréquent.

Au civil c'est bien différent : deux ou trois cents francs de provision sont nécessaires pour la moindre affaire. Il est vrai que chaque fois que nous avons besoin de recourir à cette juridiction, nous avons Me Niquevert, notre excellent avoué et ami, qui sait défendre les clients de la Ligue. Eh ! bien dans les cas d'accident ou de blessure, alors qu'il faut plaider le quasi délit, nous perdons quelquefois, malgré les efforts de nos avocats, et cela parce que la cause n'a pas été comprise par le tribunal ou parce que les responsabilités ne sont pas suffisamment établies, ce qui n'empêche pas le malheureux de conserver sa blessure sans indemnité et de demeurer incapable désormais de gagner sa vie.

Nous qui chaque jour entendons toutes ces plaintes, auxquelles notre cœur s'associe, mais pour lesquelles nous n'obtenons qu'un résultat négatif, nous sommes consternés de voir que sous notre législation il puisse se produire des faits semblables, qu'un homme soit privé d'un ou plusieurs de ses membres et que la plupart du temps il faille intenter un procès dont le succès est souvent douteux, pour lui obtenir l'indemnité à laquelle en toute équité il a droit.

Comment se fait-il qu'un travailleur qui a passé 30, 40 ans, quelquefois plus, à produire pour son propre entretien et pour le paiement du louage des instruments de travail qu'il a fait fructifier, soit réduit, sur ses vieux ans, à être à charge à ses enfants, souvent dans la plus précaire situation, d'autres fois à recourir à l'assistance publique (ceux-là sont encore dans les privilégiés), et que les autres attendent comme une faveur leur condamnation, comme vagabond, à une peine quelconque qui leur assure leur entrée dans une prison, pour éviter le suicide.

Tel est pourtant, citoyennes et citoyens, le résultat de notre organisation actuelle, défectueuse en ce sens qu'elle repose sur une donnée absolument fausse.

En effet, il est incontestable qu'il n'y a qu'une seule propriété individuelle, la force physique ou morale de l'être et que tout le reste n'est que le réservoir commun ; le travail est la mise en valeur et le capital n'est que l'instrument ou l'agent du travail.

Or, dans notre organisation, tous les privilèges sont attribués aux possesseurs de cet instrument, de cet accessoire ; tandis que toutes les charges sont supportées par le travail. N'est-il pas dès lors démontré que la cause est frappée au bénéfice de l'effet, ce qui est le contraire de la logique et de la raison.

Emus de tous ces désordres, les hommes de bonne volonté se sont groupés autour de notre bannière, et je suis heureux de vous annoncer que chaque jour nos rangs vont grossissant, pas cependant dans des proportions répondant à la grandeur de l'œuvre entreprise, et à la bienveillante complaisance que la presse n'a cessé de nous témoigner.

L'année dernière nous avons eu à nous occuper d'un grand nombre d'affaires.

Certaines ont dû être laissées de côté malgré tout l'intérêt qu'elles présentaient, parce qu'elles n'offraient aucune chance de succès au point de vue juridique et qu'aucune démarche amiable n'était possible.

Dans les cas de blessures par accidents de travail, il y en a eu un grand nombre d'arrangées à l'amiable dans de bonnes conditions; il en est une entre autres qui vient, grâce aux soins du citoyen Hubner, de se terminer par la reconnaissance d'une rente viagère de 300 francs.

Plusieurs de celles qui ont donné lieu à des procès ont été gagnées ; parmi ces dernières, on peut citer celle du citoyen Peuple, président de l'association des ouvriers menuisiers.

De toutes les questions étudiées par le Conseil central, celle qui intéresse au plus haut point l'avenir de la *Ligue*, est le sectionnement en vingt groupes, un par arrondissement, des adhérents parisiens.

Notre collègue Marin a, dans un exposé des plus précis, démontré que le Conseil central, débordé, par l'examen d'un nombre considérable de dossiers particuliers concernant tel ou tel abus individuel, ne pouvait, qu'en usant jusqu'à l'excès du dévouement de ses membres, se mettre en ligne, prendre position, dans les questions actuelles.

Nous ne demandons pas que la *Ligue* fasse de la politique militante, mais nous désirons qu'elle affirme des théories, et pour notre compte personnel c'est une nécessité de ne pas se croiser les bras et d'abandonner à l'aventure les destinées humaines.

Déjà quinze arrondissements ont répondu à notre appel. J'aurais voulu que nous puissions prendre la tête des grands mouvements que l'opinion publique a manifesté : Révision de la constitution, etc... Car, ainsi que le secrétariat l'a établi dans plusieurs communications adressées à la Presse, nous affirmons ceci :

Une immense association ayant pour but de défendre les hommes contre les abus de pouvoir dont ils sont victimes, est d'une nécessité indiscutable et il ne suffit pas de les défendre inviduellement, il faut aussi lutter pour améliorer d'une façon générale le sort de la classe des travailleurs à laquelle appartient la presque totalité des clients de la Ligue.

Il faut que le Conseil central soit pour les classes déshéritées et pour celles qui souffrent de notre mauvais état social ce que les groupes des départements, des colonies et des vingt arrondissements de Paris sont pour les individus maltraités ou lésés.

C'est donc plein de confiance dans les instincts généreux de nos concitoyens que nous venons faire un pressant appel, je ne dirai pas à leur sympathie pour ceux qui souffrent, mais bien au respect du devoir qui s'impose à la conscience de tout démocrate digne de ce nom et les engager à ne pas oublier que non-seulement chaque malheureux a, comme le riche, droit à la vie, mais que ces classes déshéritées et malheureuses ont à faire valoir de légitimes revendications.

Il faut que désormais la trilogie qni sert de devise à l'idée républicaine — Liberté, Egalité, Fraternité — ne soit plus un vain mot, un emblème creux et sans portée.

Le secrétaire-général :
DE LA VILLE LE ROULX.

Élections du bureau pour la session 1885-86

Aux termes de ses règlements intérieurs, le Conseil central de la *Ligue de l'Intérêt public* a procédé, dans sa séance du 11 février, au renouvellement de son bureau pour l'exercice 1885-86.

L'article 13 des Statuts interdisant la réélection immédiate du Président sortant, le citoyen Georges Laguerre, président pour 1884, a dû céder, au milieu des marques de sympathie de tous ses collègues, le fauteuil présidentiel au citoyen Laisant, député, nommé président pour l'année 1885-86.

Ont été élus ensuite, les citoyens :

Elie May et Gustave Bichon, vice-présidents ; De la Ville Le Roulx, secrétaire-général ; Hubner, Bonnet et Viardot, secrétaires ; Schwob, trésorier-général, et Gandin, trésorier-général-adjoint.

STATUTS

DE LA

LIGUE DE L'INTÉRÈT PUBLIC

SOCIÉTÉ PROTECTRICE

DES

CITOYENS CONTRE LES ABUS
Fondée en 1881

Titre I. — *Formation de la Société.*

Article premier. — Il est formé, entre tous ceux qui adhéreront aux présents Statuts, une Société civile qui prend la dénomination de : *Ligue de l'Intérêt public, Société protectrice des Citoyens contre les Abus.*

Art. 2. — Cette Société a pour but :

De protéger et de défendre les citoyens contre les abus et illégalités de toute sorte, dont ils peuvent avoir à se plaindre de la part des détenteurs de tout monopole, des administrations publiques, des autorités constituées et des agents et fonctionnaires de l'Etat ;

De poursuivre, dans l'intérêt des particuliers qui en ont été victimes, la réparation et la répression de ces abus et illégalités ; de réclamer tous dommages-intérêts et indemnités dues aux parties lésées : le tout soit à l'amiable, soit par les voies administratives ou judiciaires ;

De défendre les petits employés de l'Etat et des Compagnies contre les abus d'autorité, et de travailler à l'amélioration de leur sort ;

De surveiller, dans l'intérêt public et dans l'intérêt des particuliers, l'exécution, par les Compagnies, des cahiers des charges et règlements; de poursuivre, par toutes les voies de droit, les infractions commises ; de signaler aux pouvoirs publics, les articles de ces cahiers des charges et règlements dommageables aux citoyens et d'en poursuivre la révision ou l'abrogation ;

D'assister de son concours dans leurs revendications (conseils judiciaires, plaidoiries, contre-expertises, démarches, etc.), et au besoin d'aider de ses deniers, pour les frais de procès, les victimes du travail, des accidents de chemins de fer et autres ; .

De défendre et de protéger la liberté individuelle des citoyens, contre tous actes et mesures qui y porteraient atteinte; de demander et de poursuivre la suppression de tous privilèges et monopoles nuisibles aux citoyens;

D'examiner tous projets dits d'intérêt publique; de les critiquer, s'ils sont contraires aux droits et intérêts privés des citoyens; d'en poursuivre la révision ou le rejet; d'en proposer d'autres : d'étudier et de préconiser les mesures et projets qui seraient réellement d'intérêt public;

De préparer, par des enquêtes préalables, sérieusement et impartialement conduites, les éléments nécessaires au contrôle que les élus du suffrage universel (députés, conseillers municipaux, etc.), défenseurs légaux de l'intérêt public, doivent exercer sur les actes des agents et fonctionnaires de l'Etat, et sur les abus commis par les diverses administrations;

Enfin, de provoquer, dans un intérêt public et général, par voie de pétitionnement ou de réunions publiques, avec l'aide de la presse ou par tous autres moyens, la suppression de tous les abus existants et l'adoption de toutes mesures réclamées par l'opinion publique.

ART. 3. — La *Société protectrice des Citoyens contre les Abus* est une œuvre philanthropique et entièrement désintéressée : le concours de ses membres actifs est absolument gratuit; gratuits seront aussi les services qu'elle pourra rendre non seulement à ses adhérents, mais à tous les citoyens.

ART. 4. — Le siège de la société est, 27, boulevard Saint-Martin, à Paris.

ART. 5. — La durée de la Société n'est pas limitée.

TITRE II. — *Conditions d'admission.*

ART. 6. — Le nombre des membres de la *Ligue* est illimité.

ART. 7. — Est membre de la *Ligue*, quiconque ayant demandé à en faire partie, a été admis soit par le Conseil central, soit par un Comité local, et verse régulièrement la cotisation annuelle.

TITRE III. — *Direction et administration.*

ART. 8. — La *Ligue* est dirigée, administrée et représentée par un Conseil de direction dit Conseil central.

ART. 9. — Le Conseil central est composé :

1° Des adhérents qui ont été désignés comme membre du Conseil d'administration actuel;

2° D'un délégué choisi par chaque groupe local;

3° Et enfin, des adhérents que le Conseil croira devoir s'adjoindre.

ART. 10. — Le Conseil central est spécialement chargé de l'exécution du programme de la Société; il a les pouvoirs les plus étendus pour la gestion, l'administration et la direction de la Société. Il fait les recettes et les dépenses; il tient la comptabilité et établit tous les comptes sociaux; il provoque les réunions publiques, pétitionnements et autres mesures qu'il croit utiles, etc.

ART. 11. — Le Conseil central se réunit au moins une fois par mois. Les décisions y sont prises à la majorité des voix, quel que soit le nombre des membres présents.

ART. 12. — Le Conseil central choisit à la première séance de chaque année, parmi ses membres :

Un président. — Deux vice-présidents.

Un secrétaire-général. — Trois secrétaires.

Un trésorier-général. — Un trésorier-général-adjoint.

ART. 13. — Les membres ainsi nommés pour une année sont rééligibles, sauf le président qui ne peut être réélu qu'un an après l'expiration de ses fonctions.

ART. 14. — Le Conseil central désigne ceux de ses membres qu'il juge convenable, pour représenter la Société vis-à-vis des tiers, tant en justice que hors.

ART. 15. — Le Conseil central choisit, dans son sein ou parmi les adhérents, les diverses Commissions qui lui semblent utiles pour l'examen et la solution des affaires.

ART. 16. — Le Conseil central provoque et autorise la formation de Comités ou Groupes locaux par départements, arrondissements, cantons ou autres circonscriptions, selon les cas.

ART 17. — Pour former un Comité local, il faut que sept adhérents au moins se se soient réunis et aient formé une demande au Conseil central ; dès que cette demande a été accueillie, les membres de ce Comité local doivent désigner un délégué pour faire partie du Conseil central.

ART. 18. — Chaque Groupe local arrête son règlement intérieur qui ne doit contenir rien de contraire au présents Statuts.

TITRE IV. — *Fonds social.*

ART. 19. — La *Ligue* a pour fonds social, les cotisations versées par chacun de ses membres.

ART. 20. — La cotisation annuelle est fixée à SIX francs, payables en une ou plusieurs fois.

ART. 21. — Chaque Groupe local recueille les cotisations de ses adhérents et les fait parvenir au Conseil central, sous la déduction de UN franc par adhérent, qui est alloué au Groupe pour ses frais particuliers.

Titre V. — *Assemblées générales*

Art. 22. — Les adhérents sont convoqués une fois par année en Assemblée générale, par les soins du Conseil central.

Art. 23. — L'Assemblée générale, ainsi convoquée, représente valablement l'universalité des Sociétaires, quel que soit le nombre des membres présents,

Ses décisions obligent tous les membres, même absents ou dissidents.

Art. — 24. — L'Assemblée générale statue souverainement sur tous les intérêts sociaux.

Elle examine et approuve les comptes présentés par le Conseil central.

Elle peut modifier les présents Statuts, lorsque la demande a été faite conformément au paragraphe 2 de l'article 26.

Art. 25. — Les votes ont lieu par tête, à la majorité absolue.

Art. 26. — L'ordre du jour est fixé par le Conseil central, et publié avec l'avis de convocation, au moins un mois à l'avance.

Le Conseil est tenu d'y inscrire toute proposition qui lui serait adressée, quinze jours avant la date fixée pour la réunion de l'Assemblée générale par dix membres adhérents au moins.

Titre VI. — *Publications de la Société.*

Art. 27. — Le Conseil central détermine les publications que la Société doit faire dans un but de propagande. Il peut décider la création d'un bulletin spécial, ou s'entendre avec tous journaux et organes de publicité à cet égard.

Titre VII. — *Dissolution.*

Art. 28. — En cas de dissolution de la Société, les fonds disponibles seront employées, par les soins du Conseil central, à une œuvre de bienfaisance laïque.

AVIS

I. Le Conseil central invite les Trésoriers des Groupes des départements, des Colonies et des vingt arrondissement de Paris à vouloir bien faire parvenir au trésorier général la part des cotisations de leur groupe revenant à la caisse centrale.

II. Les adhérents n'appartenant à aucun groupe organisé sont invités à envoyer leur cotisation à M. SCHWOB, trésorier général, 19, boulevard Saint-Martin, Paris.

Les quittances de ceux qui, d'ici le 15 juin ne se seront pas mis à jour avec le trésor, seront présentées à domicile.

III. Toutes les communications à faire à la LIGUE doivent être adressées au secrétaire général, 27, boulevard Saint-Martin, Paris.

Paris, typ. de M. Décembre, 326, rue de Vaugirard.

PARIS. — IMP. TYP. DE M. DECEMBRE, 326, RUE DE VAUGIRARD.